DER 1-STUNDEN-HANDEL

GELD VERDIENEN MIT EINER EINFACHEN STRATEGIE, EINE STUNDE TÄGLICH

Michael Ziegler

INHALTSVERZEICHNIS

Titelseite 3

Einführung 4

Kapitel 1 – Läufer mit hohem Volumen 8

Kapitel 2 – Grundausbildung 9

Kapitel 3 – Volumen und Preisentwicklung 16

Kapitel 4 – Risikokontrolle 23

Kapitel 5 – Identifizierung von Läufern mit hohem Volumen 29

Kapitel 6 – Nach dem Alarm 32

Kapitel 7 – Zutritt erhalten 35

Kapitel 8 – Gewinne mitnehmen 39

Kapitel 9 – Schritt-für-Schritt-Zusammenfassung 43

Copyright 47

DER 1-STUNDEN-HANDEL
Verdienen Sie Geld mit einer einfachen Strategie, eine Stunde täglich

VON

MICHAEL ZIEGLER

Einführung

Es gibt nur sehr wenige wertvolle Fähigkeiten auf dieser Welt, wenn überhaupt welche, die man sich leicht aneignen kann. Bei sehr schwierigen Fähigkeiten, wie zum Beispiel Golf oder Surfen (zumindest bei mir, ich bin in beidem schrecklich), braucht man Jahre regelmäßiger Übung, um „gut" zu werden; um ein Experte zu werden, braucht man Jahrzehnte.

Der Handel an der Börse unterscheidet sich nicht von diesen und anderen hart erarbeiteten Fähigkeiten. Nach jahrelanger harter Arbeit in diesen Bereichen übernimmt das Unterbewusstsein eine immer größere Rolle. Eines Tages wachen Sie auf und was einst so lange so schwierig war, erscheint Ihnen nun einfach, fließend, ja sogar leicht.

Abkürzungen gibt es fast ausnahmslos nicht.

Hier ist die gute Nachricht: Mit dem Trading können Sie Ihre Fähigkeiten schnell verbessern. Sie können in kürzester Zeit ein erfolgreicher Trader werden und sich ein Einkommen schaffen.

Um Ihre Handelsfähigkeiten zu verbessern, müssen Sie sich wie ein Laserstrahl auf ein bestimmtes Setup konzentrieren, detaillierte Regeln und Parameter befolgen und alle anderen möglichen Handelsaktivitäten ignorieren, bis Sie Ihr Setup gemeistert haben. Es muss nicht das sein, das ich in diesem Buch vorstelle, aber egal, für welches Setup Sie sich letztendlich entscheiden, es muss Ihr einziger Fokus bleiben, bis Sie es perfekt beherrschen. Danach können Sie sich nach und nach auf andere Setups konzentrieren und jedes vor dem nächsten meistern.

Ich bin seit mehreren Jahren Vollzeithändler. 90 % dieser Zeit habe ich Geld verloren oder bin mit geringen Gewinnen gerade so über die Runden gekommen. Ich habe jeden Fehler gemacht und jede schlechte Entscheidung getroffen, die man auf dem Markt treffen kann. Das Ziel dieses Buches ist es, Sie vor so vielen Fehlern wie möglich zu bewahren und Ihnen den Einstieg in ein profitables Setup zu erleichtern, mit dem Sie ein Einkommen erzielen können.

In den ersten Jahren meiner Trader-Karriere habe ich jedes Buch studiert, das ich in die Finger bekommen konnte. Ich beschäftigte mich mit Value Investing, Daytrading, technischer Analyse, Fundamentalanalyse, Chartmustern, Trader-Psychologie und Risikomanagement – mit allem, was mir meiner Meinung nach einen Vorteil verschaffen könnte.

Meine Diagramme enthielten ein Dutzend Indikatoren; mehrere Scanner machten mich in Echtzeit auf eine Reihe idealer Setups aufmerksam. Ich wusste genau, wonach ich suchen musste und wie ich viele Muster und Setups umsetzen musste. Ich war begierig und aufgeregt, meine Millionen auf dem Markt zu verdienen. Obwohl ich über das gesamte theoretische Wissen verfügte und alles gut im Griff hatte, machte ich weiterhin einen Fehler nach dem anderen und verlor Geld.

Ich vermute, dass zumindest einige von Ihnen ähnliche Erfahrungen gemacht haben.

Was hat sich also für mich geändert?

Es gibt ein Sprichwort, das ungefähr so lautet: „Ein Hund, der zwei Kaninchen jagt, fängt keins." Nachdem ich meine Handelshistorie überprüft hatte, wurde mir klar, dass ich ungefähr einem Dutzend Kaninchen nachjagte und keins davon fing.

Ich dachte über alle Bücher nach, in die ich investiert hatte, las Abschnitte erneut, überprüfte Notizen und versuchte, das zu finden, was mir helfen könnte, das fehlende Puzzlestück zu Erfolg und dauerhaftem Gewinn zu finden. Während dieser Reflexion fiel mir etwas ein.

Bei der Untersuchung der Vorgehensweisen einiger der erfolgreichsten Investoren und Händler sowohl der gegenwärtigen als auch der vergangenen Generationen fällt auf, dass sie alle hinsichtlich ihrer Strategien zwei Dinge gemeinsam haben:
Sie verfügen über ein äußerst eingeschränktes Playbook, nur eine Handvoll Setups, nach denen sie suchen und in die sie Kapital investieren. Viele haben nur eines.

Sie unterliegen ganz bestimmten Regeln und Parametern, die ihr potenzielles Setup erfüllen muss.

Ich hatte diese wichtige Tatsache übersehen und stattdessen versucht, zu viele Strategien in einen Plan zu integrieren. Nach dieser Erkenntnis hörte ich auf, zu versuchen, ein Meister in jedem Fach zu sein. Ich hörte auf, einem Dutzend verschiedener Kaninchen nachzujagen. Ich vereinfachte. Ich beschloss: „Ich werde mich auf ein bestimmtes Setup konzentrieren und darin ein Experte werden."

Mein bisheriges Ziel war, „ein erfolgreicher Händler zu werden". Jetzt wollte ich „drei oder vier Setups mit hoher Rendite und geringem Risiko meistern und meinen Erfolg darauf aufbauen". Mit diesem neuen, fokussierten Ziel machte ich mich an die Arbeit. Ich erzielte konstant Gewinne, und das alles, weil ich mich ganz auf ein einziges Setup konzentrierte.

Dieses Buch ist das Produkt jahrelanger Erfahrung, Misserfolge, Erfolge und Bildung. Es wird Ihnen beibringen, wie Sie eine zweite Einkommensquelle schaffen oder Ihren Kontostand deutlich steigern können, indem Sie mit dem ersten Setup handeln, auf dem ich meine Beständigkeit aufgebaut habe.

Wenn Sie mit dem Handel vertraut sind, sollte dieses Buch für Sie leicht verständlich sein. Wenn Sie neu im Handel sind, gebe ich mein Bestes, Ihnen das nötige Grundwissen zu vermitteln, aber je nachdem, wie neu Sie sind, kann das Material etwas fortgeschritten sein. Wenn Sie nach dem Lesen feststellen, dass dies der Fall ist, senden Sie mir bitte eine E-Mail und ich werde alle Ihre Fragen beantworten, damit Sie mit dieser Strategie auf dem Laufenden bleiben und erfolgreich sein können. Meine Kontaktinformationen finden Sie am Ende des Buches.

Das Setup, das ich für Sie ausgewählt habe, bietet meiner Meinung nach die beste Kombination aus hoher Rendite und einfacher Implementierung. Es ist möglich, es auszuführen, wenn Sie, wie die meisten Leute, nicht den ganzen Tag damit verbringen können, den Markt zu beobachten (es dauert nur etwa eine Stunde jeden Morgen um die Markteröffnung um 9:30 Uhr EST), um das Setup zu identifizieren und einen Eintrag auszuführen.

Allerdings müssen Sie Zugriff auf Ihr Konto haben, um Ihre Ausstiegsorder den ganzen Tag über und insbesondere vor Börsenschluss überwachen und verwalten zu können. Fast jeder Broker bietet Smartphone-Apps zur Verwaltung Ihres Kontos an, daher sollte dies kein Problem sein.

Bitte verstehen Sie, dass „einfach" NICHT leicht bedeutet. Die erfolgreiche Umsetzung dieser Strategie und die Erzielung eines konstanten Einkommens erfordert Disziplin und Geduld. Diese beiden Fähigkeiten können schwieriger zu handhaben sein als alle anderen einzelnen Komponenten des Handels zusammen. Und leider kann man sie nicht aus einem Buch lernen, aber ich versuche, ein wenig zu helfen.

Ich werde Ihnen eine Erfolgsformel mit Schritt-für-Schritt-Anleitungen an die Hand geben und die gesamte Bandbreite der erforderlichen Entscheidungen darlegen, um gute Gelegenheiten richtig zu erkennen und sie gewinnbringend zu nutzen.

Mein Ziel ist es, Ihnen ein beständiges Einkommen zu verschaffen und Ihnen gleichzeitig die hohen Kosten für „ Handel -Schulungen" und die Jahre der Unrentabilität zu ersparen, die die meisten ertragen müssen, bevor sie erfolgreich werden, wenn überhaupt. Solange Sie Geduld und Disziplin mitbringen, kann dies der Beginn einer wunderbaren Beziehung sein, und Sie werden Geld verdienen.

Wenn die mentale Seite nicht stimmt, wird es mit der Kontobilanz nicht gut ausgehen.

Lasst uns erfolgreich sein.

Kapitel 1 – Läufer mit hohem Volumen

An der Wall Street gibt es „Rainmaker" – brillante, begabte, weltbewegende Köpfe. Sie werden von den größten Hedgefonds und Investmentbanken der Welt angeheuert. Einige von ihnen programmieren Handelsroboter, sogenannte „ Schwarze Kästen ", und erstellen Hochfrequenz-Handelsalgorithmen, die Arbitragemöglichkeiten zwischen globalen Märkten und wer weiß, was noch oder was als Nächstes kommt, ausnutzen. Wenn Sie nicht zu diesen brillanten Köpfen gehören oder nicht am MIT studiert haben, machen Sie sich keine Sorgen; es gibt Hoffnung. Sie können Ihren Lebensunterhalt mit dem Handel verdienen, ohne ein „Rainmaker" zu sein. Eine Möglichkeit besteht darin, herauszufinden, wo es regnet, und Ihren Eimer hinzuhalten.

Wenn große Mengen in eine Aktie investiert werden, kommt es zu erheblichen Preisschwankungen. Es ist möglich, sich an der Preisbewegung auszurichten und auf der Welle des Volumens zu großen Gewinnen zu reiten. Ich nenne diese Setups „Läufer mit hohem Volumen ". Dieses Buch hilft Ihnen dabei, diese Aktien zu identifizieren, bei denen wahrscheinlich große Preisschwankungen auftreten, und Ihnen den Einstieg in diese Aktien mit geringem Risiko und hoher Rendite zu ermöglichen.

Was passiert, ist das Auftreten einer Art bedeutendem Katalysator, beispielsweise einer positiven Gewinnüberraschung, einer Nachrichtenmeldung, die Wachstumserwartungen weckt, usw. Dies kann einen Ansturm sowohl privater als auch institutioneller Käufer auf die Aktie auslösen, was Nachfrage erzeugt und den Preis in die Höhe treibt.

Nachdem Sie nun wissen, dass es diese großen Umsätze gibt, werden Ihnen in den nächsten Kapiteln die einzelnen Komponenten beigebracht, die Sie benötigen, um sie erfolgreich zu erkennen, aus ihnen Kapital zu schlagen und diejenigen zu vermeiden, von denen Sie die Finger lassen sollten.

Kapitel 2 – Grundausbildung

Dieses Buch wurde unter der Annahme geschrieben, dass Sie über Grundkenntnisse im Handel und Investieren verfügen. Ich werde in diesem Kapitel einen kurzen Überblick geben, falls Sie Ihren Wortschatz oder grundlegende Konzepte auffrischen müssen. Wenn das alles völliges Neuland für Sie ist und Sie es am Ende des Buches „einfach nicht verstehen", schreiben Sie mir bitte eine E-Mail und wir finden heraus, was Sie brauchen.

Fundamentalanalyse vs. technische Analyse
Dies sind zwei unterschiedliche Denkschulen, wenn es um die Begründung einer Investitions- oder Handelsentscheidung geht.

Die Fundamentalanalyse versucht herauszufinden, was ein Unternehmen derzeit wirklich wert ist und was es wahrscheinlich in Zukunft wert sein wird. Dies geschieht auf der Grundlage von Finanzberichten und zugrunde liegenden Faktoren, die das Geschäft und den Betrieb beeinflussen. Jemand, der eine Fundamentalanalyse einer Aktie durchführt, versucht, den Wert eines Unternehmens zu ermitteln, um diesen Wert mit dem Aktienkurs zu vergleichen und festzustellen, ob der aktuelle Preis über- oder unterbewertet ist.

Bei der technischen Analyse wird davon ausgegangen, dass der Preis einer Aktie weniger mit ihrem „wahren Wert" zu tun hat, sondern vielmehr damit, wie Käufer und Verkäufer auf dem Markt auf den Preis reagieren. Wer eine technische Analyse durchführt, versucht, auf der Grundlage von Chartmustern und mathematischen Indikatoren vorherzusagen, wie sich der Preis einer Aktie in Zukunft entwickeln wird.

Handeln vs. Investieren
Im Allgemeinen beschreibt „Investieren" eine längerfristige Haltedauer und einen Schwerpunkt auf Fundamentalanalysen. Die Idee besteht darin, Werte zu kaufen, die im Laufe der Zeit an Wert gewinnen. „Handel " beschreibt eine kurzfristige Haltedauer und häufiges Kaufen und

Verkaufen mit einem Schwerpunkt hauptsächlich auf technischen Analysen. Die Idee besteht darin, kurzfristige Preisschwankungen auszunutzen.

Bullen und Bären

Marktteilnehmer, die glauben, dass der Kurs einer Aktie steigen wird, werden als „Bullen" oder „bullish" bezeichnet. Marktteilnehmer, die glauben, dass der Kurs einer Aktie fallen wird, werden als „Bären" oder „bearish" bezeichnet. Käufer sind bullish, Verkäufer sind bearish.

Angebot und Nachfrage

Wie in jedem freien Markt werden die Aktienkurse durch Angebot und Nachfrage bestimmt. Für jede Aktie stellt der aktuelle Preis dieser Aktie das Gleichgewicht zwischen der Nachfrage, die den Preis in die Höhe treibt, und dem Angebot, das den Preis nach unten drückt, dar. Diejenigen, die eine Nachfrage nach der Aktie haben, sind die Käufer, und diejenigen, die die Aktie anbieten, sind die Verkäufer.

Unterstützung & Widerstand

Unterstützung ist ein Preisniveau, das eine Aktie aufgrund der hohen Nachfrage in diesem bestimmten Preisbereich in der Vergangenheit nur schwer unterschreiten konnte. Stellen Sie sich eine Gruppe von vielen Käufern vor, die alle um einen bestimmten Preispunkt bieten; die Nachfrage steht auf diesem Niveau dem Angebot in nichts nach.

Widerstand ist im Gegensatz zu Unterstützung ein Preisniveau, das eine Aktie aufgrund des hohen Angebotsvolumens in diesem bestimmten Preisbereich in der Vergangenheit nur schwer übersteigen konnte. Stellen Sie sich in diesem Fall eine Gruppe von vielen Verkäufern vor, die alle ihre Positionen verkaufen, um Gewinne mitzunehmen, oder Short-Positionen um ein bestimmtes Preisniveau herum eröffnen. Der Preis kann nicht über dieses Niveau steigen, da das Angebot an Aktien von Verkäufern größer ist als die Nachfrage nach Aktien von Käufern.

Es ist wichtig zu verstehen, dass sich Unterstützungs- und Widerstandsniveaus oft eher wie Netze als wie Wände verhalten. Dies bedeutet, dass sie eher elastisch als fest und statisch an exakten Preispunkten sind.

Unterstützung und Widerstand sind zwei der wichtigsten Konzepte, die Sie im Zusammenhang mit dieser Handelsstrategie verstehen müssen, denn wenn Sie diese Ebenen kennen, können Sie bessere Entscheidungen über den Einstieg und Ausstieg aus Handelsgeschäften treffen. Wir werden später noch mehr darauf eingehen.

Bieten & Fordern und Ebene 2

Das Gebot ist eine Bestellung eines Käufers zum Kauf einer bestimmten Anzahl von Aktien zu einem bestimmten Preis. Das Gebot enthält Angaben zum angebotenen Preis und zur zu kaufenden Menge. Das Gebotsvolumen kann als Nachfrage nach einer Aktie betrachtet werden.

Der Briefkurs ist der Preis, den ein Verkäufer für seine Aktien zu akzeptieren bereit ist, auch Angebotspreis genannt. Der Briefkurs gibt den Verkaufspreis und die zu verkaufende Menge an. Das Briefkursvolumen kann als Angebot einer Aktie betrachtet werden.

Die Differenz zwischen dem aktuellen Höchstgebot und dem aktuellen Niedrigstgebot wird als Verbreitung bezeichnet.

Level 2 ist eine Echtzeitansicht aller aktuell für Aktien verfügbaren Kombinationen aus Gebotskurs/Menge und Briefkurs/Menge.

Für die Zwecke dieses Buches müssen Sie in Bezug auf Level 2 nur wissen, wie Sie das Volumen (die Größe) der verschiedenen Gebote und Angebote ermitteln. Die Größe dieser Aufträge gibt uns Einblick in Bereiche mit erheblicher Nachfrage und Angebot, die als Unterstützungs- und Widerstandsniveaus fungieren können.

Liquidität

Liquidität ist das Maß dafür, wie einfach eine Aktie gekauft oder verkauft werden kann, ohne den Aktienkurs zu beeinflussen. Je höher das Handelsvolumen, desto liquider ist eine Aktie. Der Handel mit Aktien mit geringer Liquidität ist gefährlich, da bei geringem Volumen sehr schnell große Kursschwankungen auftreten können. Sie müssen sich der Liquidität jeder Aktie bewusst sein, in der Sie eine Position eröffnen möchten. Die Mindestliquidität lässt sich anhand des durchschnittlichen Tagesvolumens beurteilen. Aktien mit durchschnittlich über einer Million täglich gehandelten Aktien haben für die meisten Handelsgrößen ausreichend Liquidität. Wenn Sie kleine Positionen handeln, können Sie sicher in Aktien mit geringerer Liquidität investieren. Stellen Sie nur sicher, dass von Minute zu Minute genügend Handelsaktivität besteht, damit Sie Ihre Positionsgröße auflösen können, ohne den Kurs in nennenswerter Weise zu beeinflussen.

Volatilität

Die Volatilität ist ein Maß für das Ausmaß, in dem der Preis einer Aktie schwanken kann. Hohe Volatilität bedeutet, dass sich der Preis innerhalb kurzer Zeit erheblich ändern kann. Im Gegensatz dazu bedeutet geringe Volatilität, dass der Preis einer Aktie in naher Zukunft voraussichtlich eine geringe Bandbreite an Preisniveaus aufweist.

Auftragsarten

Marktorder – Diese Art von Bestellung garantiert, dass Ihre Bestellung ausgeführt wird (Ihre gesamte Menge wird gekauft oder verkauft), aber sie wird zu den zu diesem Zeitpunkt verfügbaren Preisen ausgeführt. Wenn Sie eine Marktorder eingeben, können Sie nicht 100 % sicher sein, zu welchem Preis Ihre Bestellung r ausgeführt wird, bis Ihre Bestellung abgeschlossen ist. Diese Art von Bestellung ist nützlich, wenn Sie schnell aus einem Handel aussteigen oder in einen Handel einsteigen müssen; sie kann jedoch gefährlich sein, wenn die Aktie wenig liquide ist oder wenn sich der Preis schnell ändert. Wenn Sie eine Marktorder eingeben, wenn Sie eine Aktie bei $X.XX sehen, kann Ihre Bestellung zu einem viel höheren oder niedrigeren Preis ausgeführt werden, abhängig vom aktuellen Volumen und Ihrer Positionsgröße.

Limit-Auftrag– Diese Art von Bestellung garantiert den Preis, den Sie zahlen werden, aber nicht, dass die gesamte Menge, die Sie kaufen oder verkaufen möchten, ausgeführt wird. Wenn Sie eine Limit-Bestellung eingeben, bestimmen Sie den Preis, zu dem Sie Aktien kaufen oder verkaufen möchten.

Stopp-Bestellung – Dies ist eine Bestellung zum Kauf oder Verkauf einer Aktie, wenn ihr Preis einen vorher festgelegten Punkt erreicht. Sobald der Aktienpreis den Stopp Preis erreicht, wird eine Marktorder ausgelöst. Diese Bestellung sind effektiv und nützlich für den Gewinnschutz oder die Verlustbegrenzung sowie für Breakout-Einträge.

Stopp-Grenze -Auftrag– Dies ist identisch mit einer normalen Stopp-Bestellungen, aber anstatt dass der Stop eine Market-Order auslöst, löst er eine Limit-Bestellung aus.

NOTIZ: Die Verwendung von Stopp-Bestellungen schützt nicht vor Preisschwankungen über Nacht.

Bedingte Aufträge– Diese Orders sind von bestimmten Ereignissen abhängig. Dazu gehören Kontingent- Bestellungen, Eine-Storno-Alle-Bestellungen, Einer löst alle Aufträge aus und One-Auslöser-OCO-Aufträge. Diese Ordertypen werden wir in Kapitel 7 durchgehen.

Kerzenständer (oder Kerzen)

Kerzen werden in Diagrammen verwendet, um die Preisentwicklung eines bestimmten Zeitraums in einem bildlichen Format darzustellen. Sie sind nützlicher als andere Formen der Preisentwicklungsdiagrammerstellung, da sie die zugrunde liegende Stimmung (ist die aktuelle Stimmung eher bullisch oder bärisch?) und mögliche Stimmungsumkehrungen früher als andere Diagrammformen offenbaren können. Wenn ich in diesem Buch von „Preisentwicklung" spreche, beziehe ich mich auf das, was die Kerze(n) offenbaren.

Wenn die Kerze weiß (oder grün) ist, lag der Schlusskurs über dem Eröffnungskurs für den Zeitraum, sodass der Eröffnungskurs am unteren Ende des realen Körpers und der Schlusskurs am oberen Ende des realen Körpers liegt.

Wenn die Kerze schwarz (oder rot) ist, lag der Schlusskurs unter dem Eröffnungskurs für den Zeitraum, sodass der Eröffnungskurs oben und der Schlusskurs unten am realen Körper liegt.

Wir werden in Kapitel 3 ausführlicher auf Kerzen eingehen.

Indikatoren

Ein Indikator ist eine mathematische Berechnung auf Grundlage von Preis und Volumen, die normalerweise grafisch unter, über oder über einem Diagramm dargestellt wird. Es gibt Hunderte, wenn nicht Tausende von möglichen Indikatoren, die Sie verwenden können. Wir verwenden für dieses Setup nur einen Indikator: einfache gleitende Durchschnitte.

Einfacher gleitender Durchschnitt– SMA

Ein SMA ist eine lineare Darstellung des durchschnittlichen Schlusskurses der letzten [x] Tage. (Beispiel: Ein 12 SMA ist der einfache gleitende Durchschnitt des Schlusskurses der letzten 12 Tage.)

Lücken

Lücken entstehen, wenn der Eröffnungskurs eine leere „Lücke" in einem Chart erzeugt. Eine Lücke nach oben liegt vor, wenn der Eröffnungskurs höher ist als der Höchstkurs des Vortages. Eine Lücke nach unten liegt vor, wenn der Eröffnungskurs niedriger ist als der Tiefstkurs des Vortages. Die meisten Lücken entstehen, wenn der Preis durch den Handel außerhalb der Handelszeit bewegt wird. Sie sind signifikant, wenn sie von einem hohen relativen Volumen begleitet werden.

Eröffnungsbereich

Die Eröffnungsspanne umfasst die ersten fünfzehn Minuten des Handelstages. Normalerweise ist es eine gute Idee, sich von jeglichen Handelsverpflichtungen fernzuhalten, bis Sie eine Vorstellung davon haben, wie sich die Preisentwicklung und das Volumen während der Eröffnungsspanne entwickeln.

HOD/LOD

Tageshoch/Tagestief

Dabei handelt es sich um die höchsten und niedrigsten Kurse, die die Aktie bisher während des Handelstages erreicht hat. Unsere Strategie für High-Volume-Runner basiert auf dem Kauf eines Breaks über dem 15-Minuten-HOD, also dem höchsten Kurs der ersten 15 Minuten.

Rückzug

Ein Pullback, auch Retracement genannt, ist ein Preisrückgang von einem kürzlichen Höchststand. Ein Pullback kann entweder eine kurzfristige Pause in der Aufwärtsdynamik sein, die eine Kaufgelegenheit darstellt, bevor der vorherrschende Aufwärtstrend anhält, oder er kann der Beginn einer vollständigen Trendumkehr sein. In diesem Fall sollten potenzielle Käufer fernbleiben und diejenigen, die ihre Aktien halten, einen Ausstieg planen.

Ausbruch

Ein Ausbruch ist eine Preisbewegung durch und über ein festgelegtes Preiswiderstandsniveau hinaus. Normalerweise geht ein Ausbruch mit einer Zunahme von Volumen und Volatilität einher. Generell gilt: Je mehr Volumen den Ausbruch begleitet, desto größer ist die Chance, dass er seine Aufwärtsdynamik beibehält. Bei einem Preisausbruch mit geringerem Volumen oder starkem Verkaufsdruck in der Preisbewegung ist es wahrscheinlicher, dass der Preis nicht weiter steigt.

Kapitel 3 – Volumen und Preisentwicklung

Dies ist wahrscheinlich das wichtigste Kapitel des Buches. Wenn Sie die Analyse des Volumens und der entsprechenden Preisbewegung verstehen, können Sie sie auf jede mögliche Handelskonfiguration anwenden. Es gibt keinen Indikator, der Ihnen besser zeigt, wohin der Preis einer Aktie wahrscheinlich geht, als das Volumen, wenn es im Verhältnis zur damit verbundenen Preisbewegung (d. h. dem Candlestick) analysiert wird.

Die meisten Händler betrachten das Volumen heute als Hintergrundinformation – als bloßen nachträglichen Gedanken zu dem, was ihnen ihre technischen Indikatoren sagen. Das ist ein Fehler. Wenn Sie gut darin sind, Kursbewegungen und Volumen zu analysieren, brauchen Sie eigentlich keine anderen Indikatoren, um erfolgreich zu sein.

Sie müssen sich mit Candlesticks auskennen und wissen, was die verschiedenen Kerzentypen bedeuten. Die Preisentwicklung, wie sie durch Kerzenständer dargestellt wird, offenbart den zugrunde liegenden Kampf zwischen Käufern und Verkäufern und zeigt an, wohin der Preis wahrscheinlich gehen wird.

Da eine detaillierte Beschreibung der verschiedenen Kerzentypen und -muster ein ganzes Buch füllen würde, werden wir hier nur die Grundlagen behandeln. Ich empfehle Ihnen dringend, sich Steve Nisons Buch „Der Leuchterkurs" zu besorgen, um sich umfassender mit diesem Thema zu befassen.

Versuchen Sie beim Lesen dieses Kapitels, die grundlegende Essenz des Materials zu verstehen. Verzetteln Sie sich nicht zu sehr mit der Suche nach den genauen Kerzentypen und -mustern in Diagrammen. Wichtiger als das Auswendiglernen der verschiedenen Kerzentypen und ihrer Bedeutung ist ein intuitives Verständnis dessen, was die verschiedenen Komponenten der einzelnen Kerze (oberer und unterer Docht, eigentlicher Körper, rot oder grün) über den zugrunde liegenden Kampf zwischen Käufern und Verkäufern aussagen.

Kerzenständer

Weiße oder grüne Kerzen zeigen eine Preisbewegung nach oben gegenüber dem Eröffnungskurs des Zeitraums an, während schwarze oder rote Kerzen eine Preisbewegung nach unten gegenüber dem Eröffnungskurs des Zeitraums anzeigen.

Kurze Kerzen geben eine eng begrenzte Preisspanne zwischen dem Eröffnungs- und dem Schlusskurs des Zeitraums an, während lange Kerzen eine erhebliche Preisbewegung/-spanne zwischen dem Eröffnungs- und dem Schlusskurs des Zeitraums angeben.

Lange Kerzen (große Preisbewegungen) in Verbindung mit einem großen relativen Volumen (großes Angebot/große Nachfrage) sind das, was man erwarten würde; das bedeutet, dass entweder die Bullen (Käufer) oder die Bären (Verkäufer) die Bewegung fest im Griff haben. Ein hohes Angebotsvolumen von Bären würde voraussichtlich zu einem starken Preisrückgang führen. Ein hohes Nachfragevolumen von Bullen würde voraussichtlich zu einem starken Preisanstieg führen.

Im Gegensatz, Kurze Kerzen (geringe Preisbewegung) sind das, was Sie bei geringem relativen Volumen (geringes Angebot/geringe Nachfrage) erwarten würden.

Worauf Sie achten sollten

Wenn Sie eine kurze Kerze (geringe Preisbewegung) mit hohem relativen Volumen (großes Angebot/große Nachfrage) sehen, sollte Ihnen das Anlass zur Sorge geben.

Eine kurze Kerze (geringe Preisbewegung) mit großem Volumen (großes Angebot/große Nachfrage) könnte bedeuten, dass der aktuelle Trend schwächer wird, dass die Seite, die zuvor die Kontrolle hatte, auf Widerstand oder Unterstützung stößt. Das große Kauf- (Nachfrage) oder Verkaufsvolumen (Angebot) bewegt den Preis nicht, weil die Gegenseite auf diesem Preisniveau stark einsteigt und die erwartete signifikante Preisbewegung verhindert.

Wenn Sie umgekehrt eine lange Kerze mit geringem Volumen sehen, könnte dies ein Zeichen dafür sein, dass der Bewegung die Puste ausgeht und sie ihren letzten Lauf erreicht, bevor es zu einer Umkehr kommt.

Spinning Tops sind Kerzen, die große Preisbewegungen zwischen Hoch und Tief darstellen; Eröffnungs- und Schlusskurs sind jedoch eng beieinander oder gleich. Doji sind Kerzen, die eine enge Spanne zwischen Hoch und Tief sowie Eröffnungs- und Schlusskurs darstellen. Diese Kerzen zeigen an, dass ein erheblicher Kampf zwischen Käufern und Verkäufern stattfindet und keiner von beiden die Preisbewegung kontrolliert.

Worauf Sie achten sollten: Achten Sie auf diese Signale, da sie potenzielle Umkehrungen oder Rückschritte in einem Aufwärts- oder Abwärtstrend signalisieren. Sie beschreiben einen Kampf um die Kontrolle der Preisbewegung zwischen Bullen und Bären. Wenn Sie diese Kerze sehen, seien Sie wachsam und suchen Sie nach der nächsten Kerze, um das Signal zu bestätigen. Wenn beispielsweise in einem Aufwärtstrend der Preis der nächsten Kerze weiter steigt und über das jüngste Hoch hinausgeht, haben die Bullen die Kontrolle wiedererlangt und der Trend wird sich wahrscheinlich fortsetzen. Eine Bewegung unter das jüngste Tief ist ein gutes Anzeichen dafür, dass die Bären die Oberhand gewonnen haben und der Trend wird sich nach unten umkehren, bis ein weiteres Signal erscheint und/oder der Preis ein Unterstützungsniveau findet.

Ein Hammer oder Hanging Man ist eine Kerze mit einem langen unteren Docht, einem kleinen Körper und einem kleinen oder keinen oberen Docht. Diese signalisieren mögliche Umkehrungen. Wie Sie der Grafik entnehmen können, wird die Kerze als Hammer bezeichnet, wenn sie in einem Abwärtstrend auftritt, und als Hanging Man, wenn sie in einem Aufwärtstrend auftritt.

Worauf Sie achten sollten: Denken Sie darüber nach, warum diese Kerzen Umkehrungen bedeuten. Was passiert laut der Kerze? In einem Abwärtstrend kontrollieren die Bären die Preisbewegung und drücken sie nach unten, bis die Bullen sagen: „Dieser Preis ist zu niedrig geworden" und übernehmen die Kontrolle. Dadurch wird der Preis gezwungen, die meisten Verluste wieder auszugleichen und nahe dem Höchststand zu schließen. Daher der lange untere Docht und der kleine reale Körper oben.

Ein Inverted Hammer oder Shooting Star ähnelt dem Hammer und dem Hanging Man, mit dem Unterschied, dass sie einen langen oberen Docht anstelle eines langen unteren Dochts haben. Diese signalisieren die gleichen potenziellen Trendumkehrungen.

Worauf Sie achten sollten: Versuchen Sie erneut zu verstehen, was grundsätzlich unter der Oberfläche passiert. Während eines Abwärtstrends, wenn ein umgekehrter Hammer erscheint, stellt der lange obere Docht die Stärke der Käufer dar, die ins Spiel kommt und den Preis nach oben treibt, obwohl er den Verkäufern die Möglichkeit gibt, am unteren Ende der Preisspanne zu schließen. Es signalisiert eine mögliche Umkehr, da die Käufer nicht mehr so schwach sind wie während des vorherigen Abwärtstrends. Das Gegenteil gilt für einen Shooting Star, der während eines Aufwärtstrends erscheint.

Dies sollte Ihnen genügend Grundlagenwissen über Kerzen vermitteln, um mit dem High Volume Runner Setup loszulegen. Sie werden besser darin, die zugrunde liegende Aktion der Preisbewegung zu identifizieren, wenn Sie Ihre Analyse in die Praxis umsetzen.

Und denken Sie daran: Es ist wichtiger, das Wesentliche der Kerzen zu verstehen, als jeden einzelnen Kerzentyp oder jedes Mehrfachkerzenmuster zu kennen. Solange Sie die Kerzen betrachten und verstehen können, was die Komponenten Ihnen sagen, werden Sie erfolgreich sein.

Bevor wir fortfahren, und das ist wichtig, verstehen Sie, dass keine einzelne Kerze verwendet werden sollte, um eine Entscheidung über den Einstieg oder Ausstieg aus einem Handel zu treffen – niemals. Sie müssen Geduld haben. Sie müssen das Gesamtbild betrachten, indem Sie Unterstützung und Widerstand identifizieren, die Preisbewegung und das damit verbundene Volumen analysieren und mehrere Zeitrahmen betrachten, um zu bestätigen, was passiert und was wahrscheinlich passieren wird.

Nun zur Lautstärke ...

Volumen – das Einzige, was zählt

Ich habe einen Kollegen, der sehr viel Wert auf „Nachrichtenhandel" legt. Im Hintergrund seines Büros läuft ständig CNBC; er hat ein Dutzend verschiedener Internetfenster mit allen wichtigen Finanznachrichtenquellen geöffnet. Er glaubt, dass er durch Nachrichten an Informationen gelangen kann, die er effektiv als Vorteil für profitables Trading nutzen kann.

Ich fragte ihn danach und er sagte: „Nachrichten bewegen die Preise." Ich antwortete: „Nein, das tun sie nicht; Käufer und Verkäufer bewegen die Preise." Er verdrehte die Augen und sagte: „Sie wissen, was ich meine; die Nachrichten veranlassen Käufer und Verkäufer, die Preise zu bewegen." Dieses Argument wurde weitergeführt und wird es tatsächlich immer noch. Im Gegensatz zu den Methoden meines Kollegen habe ich alle Nachrichtenquellen für Handelsideen komplett aufgegeben.

Ich gebe zu, dass er in gewisser Hinsicht Recht hat. Eine Neuigkeit kann effektiv für einen profitablen Handel genutzt werden, da sie eine große Anzahl von Käufern oder Verkäufern veranlasst, den Preis zu beeinflussen. Die Dynamik, die sie erzeugen, kann gewinnbringend gehandelt werden. Ich behaupte jedoch, dass derselbe Handel auch ohne Kenntnis der zugrunde liegenden Neuigkeit möglich wäre und dass Geschäfte auf diese Weise – ohne Kenntnis der Neuigkeit – viel wahrscheinlicher zum Erfolg führen. Ich werde es erklären …

Wenn Sie sich bei der Entwicklung Ihrer Handelsideen auf Nachrichten stützen, gehen Sie von fragwürdigen Annahmen aus:

Sie gehen davon aus, dass die von Ihnen gefundene Neuigkeit wichtig genug ist, um den Preis überhaupt zu beeinflussen.

Sie gehen davon aus, dass Sie die Neuigkeiten vor der kommenden Preisbewegung erkannt haben und dass der Markt die Neuigkeiten noch nicht in den Aktienkurs einkalkuliert hat.

Sie gehen davon aus, dass Sie in der Lage sind, genau zu analysieren, in welche Richtung diese bestimmte Nachricht den Preis treiben wird.

Wenn es darum geht, Nachrichten zu finden, deren Volumen wahrscheinlich groß genug ist, um erhebliche Preisbewegungen zu bewirken, warum suchen Sie dann nicht einfach nach dem Volumen und lassen dieses Volumen und die Preisbewegung bestimmen, was wahrscheinlich passieren wird und was tatsächlich passiert, damit Sie Ihren Einstieg entsprechend planen können?

Nachrichten können zu großen Volumenspitzen führen. Doch warum sollten Sie Zeit und Ressourcen verschwenden und Ihren unsicheren Schlussfolgerungen vertrauen, indem Sie versuchen, Ihren Einstieg vor einer Preisbewegung zu positionieren, die möglicherweise eintritt, vielleicht aber auch nicht?

Wen interessieren die Neuigkeiten, wenn Sie das Volumen ermitteln und auch ohne diese aus der Preisbewegung Kapital schlagen können?

Volumen lügt nie. Volumen lässt sich viel einfacher analysieren als Nachrichten, und die Suche nach großen Volumina ist unendlich weniger zeitaufwendig als das Durchforsten des Internets nach Nachrichten, die möglicherweise zu einer guten Handelskonfiguration führen, möglicherweise aber auch nicht.

Das Volumen zeigt die Gültigkeit der Preisbewegung. Es ist der große Ausgleich zwischen Insidern und Privatanlegern. Wenn Sie wissen, wie Sie das Volumen ermitteln und analysieren, kann Ihnen fast nichts verborgen bleiben – weder institutionelle Käufe, noch eine zugrunde liegende bullische oder bärische Marktstimmung, noch die wahrscheinliche Richtung zukünftiger Preisbewegungen.

Sie müssen zumindest diese grundlegende Idee verstehen:

Preisbewegungen mit hohem relativen* Volumen sollten als gültig angesehen werden, und Preisbewegungen mit niedrigem relativen Volumen sollten nicht die Aussage der Preisbewegung mit höherem Volumen außer Kraft setzen („relativ" zum Durchschnittsvolumen für die jeweilige Aktie).

Es gibt keine festen Verhältnisse oder Indikatoren, die Ihnen sagen, wann eine Preisbewegung gültig ist. Sie können keine Entscheidung basierend auf der Anzahl X gehandelter Aktien oder der Tatsache treffen, dass die Kerze das Verhältnis X/Y zum Durchschnittspreis usw. hatte.

Sie müssen ein wenig üben, um ein Gefühl für die Analyse der Kursbewegung und des damit einhergehenden Volumens zu entwickeln. Wenn es bei Ihnen aber „Klick" macht, ist es für Sie nützlicher als jeder andere Indikator auf dem Markt und hilft Ihnen dabei, wesentlich erfolgreichere und profitablere Ein- und Ausstiege vorzunehmen.

Kapitel 4 – Risikokontrolle

Im Idealfall sollte Ihre Vorhandelsprüfung, die wir in Kapitel 6 behandeln, Sie davon abhalten, Trades einzugehen, die keine hohe Erfolgswahrscheinlichkeit haben. Selbst wenn dies der Fall ist, besteht immer die Möglichkeit, dass wir mehr Verlust- als Gewinntrades haben.

Das ist ok.

Ich werde hier nicht näher auf die Mathematik eingehen, die das beweist, aber glauben Sie mir, wenn ich Ihnen sage, dass es nicht auf eine hohe Gewinnquote ankommt. Wichtig ist, dass die HÖHE Ihrer Gewinne höher ist als die HÖHE Ihrer Verluste.

Wenn Sie dieses Setup richtig befolgen, können Sie große Gewinne erzielen. Solange Sie die Regeln befolgen und Verlierer mit geringen Verlusten aussteigen lassen und die Gewinner laufen lassen, werden Sie profitabel sein.

Dies setzt voraus, dass Sie Ihr Geld und die Handelsgröße angemessen verwalten und diszipliniert bleiben.

Geldverwaltung
Das Wichtigste zuerst: Sie müssen wissen, wie viel Geld Sie pro Trade riskieren. Riskieren Sie bei einem Trade nie mehr als 1 % bis 3 % Ihres gesamten Kontostands. Um Ihren maximalen Verlust pro Trade zu berechnen, multiplizieren Sie einfach Ihren Kontostand mit dem von Ihnen gewählten Risikowert (1-3 %).

Wenn Ihre Risikotoleranz beispielsweise 2 % pro Trade beträgt und Sie einen Kontostand von 8.000 USD haben, beträgt Ihr maximal zulässiger Verlust pro Trade 160 USD (0,02 x 8.000). Darin sollten auch die Ein- und Ausstiegsprovisionen enthalten sein, daher gehen wir konservativ davon aus, dass der maximale Verlust pro Trade 140 USD beträgt (das ist der

Betrag, den Sie verlieren können, wenn Ihr Stop erreicht wird, nicht der Betrag des Kapitals, das Sie für einen Trade einsetzen).

Der Grund, warum ich diese Methode mag, liegt darin, dass sie mit steigendem Kontostand ein Wachstum Ihres Handelsvolumens ermöglicht; sinkt Ihr Kontostand jedoch, verringert sich der Betrag, den Sie bei einem einzelnen Handel verlieren können.

Der nächste Schritt besteht darin, die maximale Anzahl an Aktien zu berechnen, die Sie unter Berücksichtigung Ihres maximal zulässigen Verlusts kaufen dürfen. Diese Zahl ist von Handel zu Handel unterschiedlich, abhängig vom Preis Ihres Stop-Loss-Ausstiegs und Ihres Einstiegspreises.

Beim High-Volume-Runner-Setup kennen wir unseren Stop-Loss normalerweise vor unserem tatsächlichen Einstiegspreis.

Um herauszufinden, wie viele Aktien Sie insgesamt in einem Handel kaufen können (also Ihre maximale Positionsgröße), teilen Sie Ihren maximal zulässigen Verlust durch die Preisdifferenz zwischen dem Stop-Loss-Preis und dem geschätzten durchschnittlichen Haltepreis.

Nehmen wir beispielsweise an, Sie erwägen ein Setup, bei dem der Stop-Loss-Ausstieg bei 3,54 USD liegt und der aktuelle Preis bei 3,62 USD. Nehmen Sie den oben berechneten maximal zulässigen Verlust von 140 USD und teilen Sie ihn durch 0,08 USD (3,62 USD - 3,54 USD = 0,08 USD). Sie erhalten 1.750 als maximale Positionsgröße (140/0,08 = 1.750).

Kontogröße

Hier ist eine Geschichte, die es wert ist, erwähnt zu werden: Am 16. Juli (2014) stoppte Nasdaq den Handel mit NewLead Holdings (NEWL) mitten in der Handelszeit bei einem Preis von 4,38 USD, nachdem die Aktie an diesem Tag einen Höchststand von 5,03 USD erreicht hatte. NEWL wurde daraufhin von Nasdaq dekotiert.

Am 22. Juli wurde der Kurs bei 2,55 $ wiedereröffnet und von da an stürzte er ab. Diese Art von Handelsstopp und anschließender Dekotierung kommt selten vor, aber seien Sie sich bewusst, dass es sie gibt. Und das Leben ist nicht fair; es könnte Ihnen passieren.

Übrigens wurden an dem Tag, als der Handel eingestellt wurde, über 30 MILLIONEN NEWL-Aktien gehandelt. Viele Leute haben an diesem Tag viel Geld verloren.

Sie haben sicher schon einmal gehört: „Handeln Sie nicht mit Geld, dessen Verlust Sie sich nicht leisten können." Das ist meiner Meinung nach etwas unrealistisch und klingt eher nach einem Haftungsausschluss als nach einem tatsächlichen Ratschlag. Hier ein ehrlicher Ratschlag: Seien Sie konservativ, riskieren Sie nie mehr als 1-3 % Ihres Kapitals bei einem einzelnen Handel, seien Sie sehr vorsichtig, wenn Sie mehr als 25 % Ihres Gesamtkapitals bei einem einzelnen Handel einsetzen, und seien Sie sich des mit dem Handel verbundenen Risikos bewusst, auch beim Intraday-Handel.

Seien Sie schlau.

Wenn Ihr Kontostand weniger als 25.000 $ beträgt (und Sie ein Margin-Konto haben), unterliegen Sie den Beschränkungen des „ Muster Daytrading ", was bedeutet, dass Sie in einem Zeitraum von fünf Tagen nicht mehr als drei Berufe durchführen dürfen. Das ist ein lächerliches Gesetz, aber Sie sind ihm trotzdem ausgeliefert. Informieren Sie sich über die besondere Behandlung und Interpretation des Pattern Day Trading durch Ihren Online-Broker (einige Broker zählen mehrere Aufträge für eine einzelne Aktie als einen Trade, während andere jeden einzelnen Kauf als neuen Berufe zählen).

Die Muster Day Trading-Beschränkungen gelten nicht für Bargeldkonten (ohne Margin) unter 25.000 USD, wohl aber die Freies Reiten -Beschränkungen. Freies Reiten ist eine weitere idiotische SEC-Beschränkung, aber leider unterliegen Sie ihr trotzdem.

Aus Gründen, die ich mir heutzutage nicht erklären kann, dauert die Abwicklung von Aktientransaktionen bei Ihrem Online-Broker drei Tage. Sie können den Erlös aus einem

Aktienverkauf nicht zum Kauf einer anderen Aktie verwenden, bis der Erlös aus dem Verkauf „abgewickelt" ist. Das bedeutet, wenn Sie einen Handel mit Ihrem gesamten Kontostand betreiben und aussteigen, haben Sie drei Tage lang keinen Zugriff auf diesen Betrag, um einen weiteren Handel zu tätigen.

Fazit: Wenn Sie mit einem Nicht-Margin-Konto unter 25.000 US-Dollar arbeiten, müssen Sie bei Ihren Geschäften selektiv vorgehen und nur ideale Setups eingeben (wir werden gleich darauf eingehen, wie man ideale Setups erkennt).

Psychologie

Ebenso wichtig wie die Beherrschung Ihres Risikos ist Ihre mentale Disziplin.

Als ich ständig Geld verlor oder nur mit geringen Gewinnen über die Runden kam, gab ich oft Marktaufträge ein, wenn ich eine Aktie fand, in die ich einsteigen wollte. Ich hatte immer Angst, dass ich einen riesigen Trade gefunden hatte, der dann aber genau in dem Moment abhob, Sekunden nachdem ich ihn gefunden hatte; wenn ich jetzt nicht einstieg, würde ich ihn verpassen.

Nachdem ich meine Denkweise auf die neue Denkweise „nur wenige Setups meistern" umgestellt hatte, hörte ich auf, Einträgen hinterherzujagen. Ich platzierte kaum noch Marktaufträge, es sei denn, dies war gemäß den Parametern des Setups akzeptabel (in diesem Setup verwenden wir niemals Marktaufträge). In den meisten meiner Setups platziere ich jetzt einen engen Gebotsbereich dort, wo ich eine starke Unterstützung vermute, sodass ich einen risikoarmen Stopp unter meinem Einstiegsniveau habe. Oft verpasse ich Trades, aber das ist in Ordnung; es werden bald weitere folgen.

Diese neu gewonnene Geduld machte einen großen Unterschied in meiner Profitabilität. Anstatt auf den Markt zu gehen, um einen Trade zu eröffnen, wartete ich geduldig auf Gebote auf einem Niveau, bei dem die Angst die emotionalen Trader vertreiben würde, und sie würden in Unterstützungszone verkaufen. Wenn Sie einen Unterstützungsbereich sehen, aber denken, dass der Trade darüber hinausgegangen ist und nie wieder zurückkehren wird, denken Sie noch einmal darüber nach. Es kann ein paar Tage oder sogar Wochen dauern, aber es wird wieder nach unten gehen, um einen Einstieg mit geringem Risiko und hoher Rendite zu ermöglichen. Und wenn nicht, haben Sie nichts verloren.

Der kreative Teil Ihres Verstandes ist Ihr Feind. Die Emotionen, die Sie empfinden, die Hoffnungen und Wünsche, die Sie für den Handel hegen, Ihre Meinung über die Preisentwicklung, die Angst, dass Sie einen Gewinn verpassen, wenn Sie nicht genau in diesem Moment in den Handel einsteigen – all diese Gedanken arbeiten gegen Sie. Sie müssen alles außer dem analytischen, rationalen Teil Ihres Verstandes abschalten. Das ist leichter gesagt als getan, aber es gibt Hilfsmittel, die Ihnen dabei helfen können.

Eine davon ist Ihre Stop-Loss-Auftrag.

Verwenden Sie keinen mentalen Stopp. Sobald Sie eine Einstiegsorder ausführen, führen Sie die Stop-Loss-Auftrag.zum Verkauf aus. Bewegen Sie sie dann höher bis zum Break-Even-Punkt, sobald die Preisbewegung es zulässt (mehr Details dazu später). In diesem Setup können Sie eine bedingte Order eingeben, die Ihre Stop-Order automatisch ausführt, sobald Ihre Kauforder ausgeführt wird.

Sie müssen ein Mantra entwickeln

„Es wird immer einen anderen Handel geben."

Lerne es, wisse es, lebe es.

Seien Sie vor allem geduldig. Es können Wochen oder mehr vergehen, ohne dass ein gültiges, optimales Setup mit grüner Flagge erscheint. Bleiben Sie standhaft und vertrauen Sie darauf, dass eines kommt; diese Setups werden sich weiterhin zeigen. Sie können kein gutes Setup für einen High-Volume-Runner erzwingen.

Geduld allein kann tatsächlich ausreichen, um auf dem Markt erfolgreich zu sein, solange es Geduld für einen guten Einstieg ist. Geduld hat in einer Verlustposition keinen Platz; beenden Sie Ihren Stop-Loss sofort und lassen Sie Ihre Gewinner laufen.

Es ist in Ordnung, einen Handel zu verpassen. Das Schlimmste, was Sie tun können, ist, eine Marktorder zu erwischen, weil Sie denken, die Aktie läuft und Sie glauben, Sie hätten den Einstieg verpasst. Die Chancen, dass Ihre Marktorder genau zum Zeitpunkt der Ausführung den idealen Preis erzielt, sind so gut wie gleich Null.

Jeder Dollar, den Sie beim Versuch verlieren, einen Handel zu erzwingen oder einen Einstieg zu verfolgen, ist ein Dollar, der nicht für Sie da ist, wenn ein 50 %-, 100 %- oder 200 %+-Runner auftaucht. Gehen Sie einen Handel nur gemäß den risikoarmen Parametern dieses Setups ein, auf die wir noch eingehen werden.

Jagen Sie niemals einem Eintrag hinterher. Es wird immer einen weiteren Handel geben. Und noch ein letztes Mal, um sicherzugehen ...

JAGEN SIE NIEMALS EINEM EINSTIEG NACH. ES WIRD IMMER EINEN ANDEREN HANDEL GEBEN.

Kapitel 5 – Identifizierung von Läufern mit hohem Volumen

Um in Echtzeit über die Einrichtung eines Läufer mit hohem Volumen benachrichtigt zu werden, müssen Sie einen Online-Broker wählen, der über Echtzeit-Scanning- und Benachrichtigungsfunktionen verfügt. Ich verwende E Trade Pro; es ist kostenlos, wenn Sie mindestens 30 Trades pro Quartal tätigen. Andernfalls kostet es 99 US-Dollar pro Monat. Die Scanning-Funktion ist ihren Preis wert, wenn Ihr Kontostand mindestens 2.500 US-Dollar beträgt. Darunter werden die Kosten im Vergleich zu den Erträgen, die Sie für die 99 US-Dollar benötigen, etwas unerschwinglich.

Sie können gerne auch andere Online-Broker nutzen, achten Sie jedoch darauf, dass diese Echtzeit-Scans anbieten und die in diesem Kapitel beschriebenen Parameter berücksichtigen können.

Wir werden zwei parallel laufende Scans einrichten, um unsere High-Volume-Runner-Setups zu lokalisieren.

Der erste Scan (in E Handel Pro, unter dem Strategie-Scanner-Werkzeug und „ Erstellen Sie Ihre eigene Strategie ")
wird die folgenden Parameter haben:

Alarmtyp: „Ungewöhnliche Anzahl von Ausdrucken" = |30| als Verhältnis.
Dies bedeutet, dass Sie nach Aktien mit einem Volumen suchen, das mindestens 30-mal höher ist als der Durchschnitt für die Tageszeit.

Filter:
1) Mindestpreis = 1,00 $, Höchstpreis = 10 $
Wir können unsere Suche nicht zu weit ausdehnen, sonst werden wir mit Warnungen überschwemmt und können sie nicht alle analysieren. Ich habe diesen niedrigen Preisbereich

gewählt, da hier größere Preisschwankungen wahrscheinlicher sind als bei höherpreisigen Aktien. Sie können sogar 0,50 bis 5 USD oder 1 bis 8 USD in Betracht ziehen – je nachdem, was Ihnen lieber ist.

2) Volumen heute = 30.000 Minimum

In der Vergangenheit hatte ich diese Zahl höher eingestellt, aber ein paar Mal habe ich dadurch die frühe Bildung eines Läufers mit hohem Volumen verpasst. Der Nachteil einer niedrigeren Zahl ist, dass Sie früher benachrichtigt werden. Allerdings werden Sie dadurch manchmal Aktien erhalten, die nicht liquide sind. Ein kurzer Blick auf das Diagramm zeigt, ob dies der Fall ist. Wenn die Liquidität nicht hoch ist, lassen Sie den Handel aus.

3) „Veränderung gegenüber dem Schlusskurs" = 4 % Mindestwert

Aktien, die mindestens 4 % über dem Schlusskurs des Vortages gehandelt werden.

4) Tageszeit = Stellen Sie das „Maximum" auf 20 Minuten nach der Öffnung ein.

Wenn Sie die Zeit haben, den Markt tagsüber zu beobachten, können Sie diese Variable erweitern, sodass Sie später am Tag Benachrichtigungen erhalten. Je mehr Zeit seit der Eröffnung vergangen ist, desto wahrscheinlicher sind die Benachrichtigungen jedoch für sehr illiquide Aktien.

Symbolliste:

Wählen Sie nur „NYSE", „AMEX" und „NASDAQ" aus. Andernfalls erhalten Sie zu viele Aktien, die nicht liquide genug sind und nicht an den großen Börsen gehandelt werden.

Wir verwenden auch einen zweiten Scanner, der nach großen Gewinnern sucht. Er sorgt für eine gewisse Redundanz, sodass wir große Kursbewegungen weniger wahrscheinlich verpassen. Es gab Fälle, in denen eine Aktie beim Hauptscan hätte benachrichtigt werden sollen, aber nicht. Nachdem das ein paar Mal passiert war, habe ich mich einfach für diesen zweiten Scan entschieden, um die Suchbemühungen zu verdoppeln.

Zweite Scannereinstellungen:

Alarmtyp: „% Anstieg für den Tag" = [6] als minimaler % Anstieg

Dies bedeutet natürlich, dass Sie nach Aktien suchen, die mindestens 6 % über ihrem Tageseröffnungskurs liegen.

Filter:

1) Mindestpreis = 1,00 $, Höchstpreis = 10 $

Dies sollte mit dem Preisbereich übereinstimmen, den Sie für Ihren primären Scan festgelegt haben.

2) Volumen heute = 30.000 Minimum

3) Tageszeit = Maximal 20 Minuten nach der Öffnung.

Symbolliste:

„NYSE", „AMEX" und „NASDAQ"

Wenn Sie sich nicht für E Handel entscheiden, vergewissern Sie sich vor der Anmeldung, dass der von Ihnen gewählte Online-Broker diese Parameter erfüllen kann.

Kapitel 6 – Nach dem Alarm

(Die ersten fünfzehn Minuten des einstündigen Handels)

Sie haben also den Scanner eingerichtet und werden über mögliche Setups benachrichtigt. So gehen Sie jetzt vor:

Schritt Eins – Dreifache Zeitrahmenansicht

Zeigen Sie die Aktie anhand von drei Diagrammen an:
Wöchentlicher 2-Jahres-Chart
Tägliches 1-Jahres-Diagramm
5-Minuten-Chart

Schritt Zwei – Red Flag/Green Flag Überprüfung

Diese Überprüfung wird sowohl wöchentlich als auch täglich durchgeführt. Ziel ist es, die Diagramme zu analysieren, um festzustellen, ob der potenzielle Läufer wahrscheinlich laufen wird oder nicht berücksichtigt werden sollte.

Red Flag-Rezension:
Widerstand
Seien Sie vorsichtig, wenn sich unmittelbar darüber ein signifikanter Widerstand befindet. Es ist vielleicht am besten, den Handel zu ignorieren. Wenn der Widerstand hoch genug über dem aktuellen Preis liegt, um einen signifikanten Gewinn zu ermöglichen, ist alles in Ordnung.

Große, abrupte Ausverkäufe in der jüngeren Vergangenheit
Ehemalige Käufer werden trotz dieser Abstürze durchhalten und auf eine Chance hoffen, mit geringem Verlust oder sogar ohne Verlust verkaufen zu können.

Große Lücken nach oben

Je größer die Lücke, desto attraktiver ist es für Short-Trader, die Bewegung „auszublenden" und darauf zu warten, dass die Lücke zumindest einen Teil des Bereichs in Richtung des Preises vor der Lücke füllt. Bei einer großen Lücke nach oben werden Sie in vielen Fällen mit diesen Verkäufern kämpfen.

30-, 50- oder 200-Tage-SMA-Linien oben?

Wenn es signifikante gleitende Durchschnittslinien über dem aktuellen Preis gibt, könnte dies zu Widerstand führen.

Wenn eines dieser Warnsignale vorhanden ist, sollten Sie konservativ vorgehen. Wenn mehrere Warnsignale in Kombination vorhanden sind, verzichten Sie einfach auf den Handel.

Grüne Flagge Bewertung

Dies sind die idealen Voraussetzungen, die wir bei einem potentiellen Läufer suchen:

Unterstützung

Gibt es unmittelbar unter dem aktuellen Preisniveau eine signifikante längerfristige Unterstützung?

Liegt die Preisbewegung der letzten 3–12+ Monate in einem engen Bereich ohne nennenswertes Volumen?

Je länger die Periode mit enger Preisspanne und geringem Volumen ist, desto größer sind die Chancen, dass die Aktie einen großen Kurs erreicht.

Hat der Preis gerade einen neuen langfristigen Höchststand erreicht oder wird dies passieren, wenn er aus der Spanne der ersten 15 Minuten von heute Morgen ausbricht?

Bei neuen längerfristigen Höchstständen ist der Verkaufsdruck tendenziell geringer; Verkäufe werden kein bedeutender Faktor sein, bis es zu Gewinnmitnahmen kommt.

Übersteigt die Aktie ihren 200- und/oder 50-Tage-Durchschnitt?

Ein Durchbrechen dieser Niveaus ist für viele Händler ein beliebter Long-Einstieg; der Zustrom neuer Käufer wird die Preise weiter in die Höhe treiben.

Je mehr dieser grünen Flaggen bestätigt werden, desto größer ist das Potenzial für eine deutliche Aufwärtsbewegung der Preise.

Kapitel 7 – Zutritt erhalten

Eine kurze Anmerkung: Dieses Kapitel sollte ursprünglich zusätzlich zum Standardeintrag für dieses Setup eine Pullback-/Tagestief-Eintragsoption enthalten. Ich habe mich dazu entschieden, den Pullback-Eintrag wegzulassen, da er Ihnen zwar viel profitablere Einträge verschaffen kann, es jedoch sehr aufwändig ist, zu entscheiden, wann er verwendet werden sollte; und er sollte nicht sehr oft verwendet werden. Letztendlich dachte ich, es wäre besser für Sie, ihn wegzulassen.

Ich werde in naher Zukunft einen separaten Entwurf für den Pullback/Low-Entry herausbringen, der sowohl für das High-Volume-Runner-Setup als auch für Setups mit längerfristigen Haltezeiten gilt.

Weiter mit Kapitel 7 . . .

Der Eintrag, den wir für unser High-Volume-Runner-Setup verwenden, ist ein Breakout-Eintrag. Er hat ein niedriges Risiko-Ertrags-Verhältnis für dieses Setup und hält Sie von Trades fern, die nicht die Dynamik haben, einen großen Lauf über das Eröffnungshoch hinaus fortzusetzen.

Es ist optimal für diejenigen unter Ihnen, die bei ihren Handelsaktivitäten selektiv vorgehen müssen, um Pattern Day Trading oder „Trittbrettfahren"-Beschränkungen zu vermeiden. Darüber hinaus bleibt ausreichend Zeit, um Ihr Stop-Level, Ihren Einstiegspreis und Ihre Handelsgröße zu analysieren.

Der Eintrag wird ausgelöst, wenn der Preis des potenziellen High-Volume-Runners den höchsten Preis der ersten fünfzehn Minuten überschreitet.

Die beste Möglichkeit, die Order einzugeben, ist eine bedingte En utløser alle bestillinger. Bei einer En utløser alle bestillinger platzieren Sie Ihre Kauforder und Ihre Stop-Loss-Order gleichzeitig; wenn die Kauforder ausgeführt wird, wird die Stop-Loss-Order ausgelöst. Für die

Kauforder verwenden wir ein Stop-Limit; für die Stop-Loss-Verkaufsorder verwenden wir einen Stop-on-Quote.

Stopp-grense -Auftrag

Beim Erstellen der One-Triggers-All-Order wird der Stop-Preis 0,01 $ über dem Höchststand der ersten fünfzehn Minuten festgelegt.

Der Limitpreis für Ihren Einkauf wird nach Ihren Wünschen und unter Berücksichtigung Ihrer Situation festgelegt; hier sind Ihre Optionen.

A) Setzen Sie den Limitpreis für den Kauf ein paar Cent höher als den Stoppreis. Normalerweise wird der Preis wieder auf den Ausbruchspunkt zurückfallen, wenn nicht sogar darunter. Einige große Läufer werden jedoch ausbrechen und das Ausbruchsniveau nie wieder erreichen. Wenn Sie den Preis also ein paar Cent höher als den Stoppreis setzen, werden Sie in den meisten Setups erfolgreich sein.

B) Setzen Sie den Limitpreis auf oder ein paar Cent darunter als den Stoppreis. Viele Setups fallen wieder unter den Breakoutpreis, bevor sie höher steigen. Dadurch steigen Sie zu einem niedrigeren Preis in das Setup ein und sind einem geringeren Kursrisiko pro Aktie ausgesetzt. Sie könnten jedoch ein Setup verpassen, das sich schnell bewegt.

C) Identifizieren Sie ein Unterstützungsniveau im 1-Minuten-Chart und verwenden Sie dieses Niveau als Ihren Limit-Kaufpreis.

Stop-Loss-Auftrag

Der Verkaufsauftragsteil des bedingten Auftrags ist ein „Stop-on-Quote-Auftrag", und Sie müssen entscheiden, wo der Stopp platziert werden soll. Sie haben mehrere Möglichkeiten:

A) Sie können den Stop-Loss-Preis 0,01 USD unter dem vorherigen Höchststand festlegen. Davon rate ich ab. Häufig fällt ein Läufer wieder unter seinen vorherigen Höchststand bei der

Eröffnungsspanne, bevor er wieder Kaufdynamik findet und höher läuft. Wenn Sie Ihren Stop so nahe an Ihrem Einstieg festlegen, können Sie zu leicht gestoppt werden und einen guten Lauf verpassen.

B) Sie können den Stop-Loss an einem Punkt unterhalb einer „ganzen Zahl" festlegen, wo Sie normalerweise Kaufunterstützung finden. Dies ist keine schlechte Option, wenn die runde Zahl weit genug unter dem Einstiegsniveau liegt, um zu vermeiden, dass Sie bei normaler Preisvolatilität ausgestoppt werden.

C) Sie können den Stop-Loss unterhalb des Pullback-Tiefs des Eröffnungsbereichs festlegen. Dies ist meine bevorzugte Platzierung für den Stop-Loss. Dies gibt Ihrer Position genügend Spielraum, um Einbrüche zu berücksichtigen, und im Allgemeinen ist es ein Fehlschlag, wenn es zurückgeht und dieses frühere Pullback-Tief durchbricht.

D) Sie können ein großes Gebotsvolumen auf Stufe 2 identifizieren und den Stopp darunter setzen. Gehen Sie mit dieser Option vorsichtig um; sie sollte hauptsächlich als Validierung der Unterstützung und als Bestätigung für eine der anderen Optionen verwendet werden.

Sie müssen verstehen, dass die wichtigste Komponente Ihres Eintrags nichts mit Ihrer Bestellung zu tun hat. Sie entsteht während Ihrer Rot/Grün-Überprüfung. Eine sorgfältige Analyse während Ihrer Rot/Grün-Überprüfung wird Sie von den meisten Setups mit geringer Rendite fernhalten.

Sie möchten immer eine Mindestrendite von 3x Ihrem Risiko. Wenn Sie also davon ausgehen, dass die meisten Stopps Ihr Risiko zwischen 0,10 und 0,30 USD pro Aktie ausmachen, möchten Sie, dass das Setup, das Sie überprüfen, genügend Spielraum bietet, um dieses Risiko angemessen zu steigern.

Denken Sie daran, dass Ihr Einstieg über dem 15-Minuten-Hoch liegen wird. Wenn Sie sich eine Aktie ansehen, die gerade eröffnet wurde, müssen Sie bei Ihrer Überprüfung sicherstellen, dass die Widerstandsbereiche deutlich über dem aktuellen Preis liegen, um eine mindestens dreifache Belohnung zu ermöglichen.

Wenn Sie Ihren Eintrag bei Setups mit einer positiven Green-Flag-Bewertung ausführen, befinden Sie sich in Trades mit einer hohen Wahrscheinlichkeit einer signifikanten Preisaufwärtsbewegung zu einem Preispunkt, der geringes Risiko und hohe Rendite bietet.

Der nächste Schritt ist die andere Hälfte der Gleichung – den Handel schließen und Gewinne mitnehmen.

Kapitel 8 – Gewinne mitnehmen

Ihre Fähigkeit, einen Trade angemessen zu beenden, ist möglicherweise der wichtigste Faktor für Ihren Erfolg mit dieser Strategie. Um mit diesen Setups langfristig profitabel zu sein, müssen Sie die Läufer laufen lassen.

Wechseln Sie nach Ihrem Einstieg zu einem Fünf-Minuten-Chart, um den Fortschritt zu überwachen und Ausstiege zu identifizieren.

Wenn Sie nach Ihrem Einstieg Ihren Handel nach der ersten Öffnungsstunde nicht überwachen können, müssen Sie sich regelmäßig über die Smartphone-App Ihres Brokers einloggen, um Ihren Handel zu verwalten/Ihren Stopp anzupassen.

Glauben Sie mir, es ist oft gut, nicht vor dem Computer zu sitzen und die Preisbewegungen Ihres Handels von Minute zu Minute zu beobachten. Am Ende dieses Kapitels gebe ich Ihnen einige Optionen für modifizierte Ausstiege, die Sie verwenden können, wenn Sie den Handel nur regelmäßig überprüfen können.

Es gibt drei Komponenten, die es Ihnen ermöglichen, das Beste aus Ihrem Handel herauszuholen:

1) Identifizieren Sie Widerstandsniveaus und passen Sie Ihren Stopp entsprechend an.

2) Verschieben Sie Ihren Stopp nach Rückzügen und neuen HOD-Ausbrüchen nach oben.

3) Vertrauen Sie darauf, was Ihnen das Volumen und die Kerzen sagen.

Lassen Sie uns auf jedes einzelne eingehen …

Widerstand erkennen und Stopp anpassen

Sie sollten bei der Überprüfung der roten und grünen Flaggen bei allen Setups, die Sie eingeben, einen Widerstand festgestellt haben. Sobald der Preis das Widerstandsniveau erreicht, stornieren Sie Ihre stehende Stop-Loss-Order und ersetzen Sie sie entweder durch eine Stop-on-Quote-Order unmittelbar unter dem aktuellen Preis oder verwenden Sie einen Trailing-Stop, falls verfügbar, und achten Sie sehr genau auf die Kerzen/das Volumen bei den Widerstandsniveaus.

Verschieben Sie Ihren Stopp schrittweise nach oben

Wenn Sie Ihren Stop so weit nach oben verschieben, dass Sie die Gewinnschwelle erreichen, sobald die Situation dies zulässt, wird das gesamte Risiko aus dem Handel entfernt. Sie haben also im Grunde freie Fahrt zum Gewinn, sobald die Preisbewegung es zulässt, den Stop auf dieses Niveau zu verschieben. Tun Sie dies nicht zu früh, sonst werden Sie ausgestoppt und verpassen möglicherweise eine größere Preisbewegung nach oben.

Darüber hinaus sichern Sie sich garantierte Gewinne und haben gleichzeitig die Möglichkeit, weitere potenzielle Gewinne zu erzielen, indem Sie Ihren Stop-Loss nach neuen Höchstständen und Rückschlägen schrittweise nach oben verschieben und ihn auch dann nach oben verschieben, wenn die Preisentwicklung/das Volumen es erfordern.

Im Allgemeinen bietet sich die Gelegenheit, Ihren Stopp bis zum Break-Even-Punkt nach einem Pullback nach dem Ausbruch zu erhöhen, wenn es zu einem Rückgang kommt, bevor der Preis wieder steigt.

Vertrauen Sie auf Volumen und Preisentwicklung

Bleiben Sie immer wachsam, was die Kerzen über das, was „hinter den Kulissen" vor sich geht, und das damit verbundene Volumen anzeigen. In den meisten Fällen können Sie sich darauf verlassen, dass das Volumen und die Preisentwicklung Sie zur richtigen Entscheidung führen. Volumen und Preisentwicklung lügen selten; stellen Sie sicher, dass Sie ständig üben und daran arbeiten, Ihre Fähigkeiten bei der Analyse dieser zu verbessern.

Nachdem Ihr Breakout-Eintrag ausgeführt wurde, können Sie Ihre aktuelle Stop-Loss-Order (die automatisch mit der Einstiegsorder ausgelöst wurde) stornieren und durch eine „One-Cancels-All"-Order ersetzen. Eine „One-Cancels-All"-Order ähnelt einer „One-Triggers-All"-Order, bei der wir zwei Trades gleichzeitig platzieren; außer dass jedes Mal, wenn eine der Orders ausgeführt wird, die andere storniert wird.

In unserem JRJC-Beispiel würden wir also nach unserem Einstieg zwei separate Verkaufsaufträge erteilen. Einer wäre der Stop-on-Quote-Verkaufsauftrag mit unserem Stop bei 4,92 USD (oder einer anderen Option Ihrer Wahl), was die Stop-Loss-Auftrag wäre; der andere wäre eine Stop-Limit-Order mit dem Stop auf einem Niveau über dem aktuellen Preis, was Ihnen einen gewinnbringenden Verkauf Ihrer Position ermöglichen würde.

Wenn Sie diese Vorgehensweise anwenden müssen, weil Sie Ihren Handel tagsüber nicht überwachen können, achten Sie darauf, dass Sie Ihre obere, gewinnbringende Verkaufsorder auf einem Niveau knapp unter dem von Ihnen erkannten Widerstandsniveau platzieren. Seien Sie nicht gierig; platzieren Sie sie unter dem Widerstandsniveau.

Bedenken Sie, dass Sie einen Wert anstreben, der mindestens dreimal höher ist als Ihr Stop-Loss-Level (in unserem Beispiel liegt unser Risiko pro Handel beispielsweise bei etwa 0,26 USD [5,18 USD Einstieg - 4,92 USD Stop-Loss], also streben wir mindestens 3/1 an, also 0,78 USD pro Aktie, oder einen Ausstieg von 5,96 USD [5,18 USD Einstieg + 0,78 USD]).

Wenn es einen Widerstand unterhalb dieses 3-fachen Preises gibt, sollten Sie gar nicht erst in den Handel einsteigen. Wenn der Widerstand deutlich über diesem Preis liegt, können Sie ihn möglicherweise höher bewegen und trotzdem sicher sein; Sie müssen Ihr Urteilsvermögen einsetzen.

Aber seien Sie sich im Klaren: Das Schlimmste, was Sie tun können, ist, einen erfolgreichen Trade mit einem schönen Gewinn umzudrehen und für Sie Verlust zu machen. Wenn Sie Ihren Trade nicht überwachen und Ihren Stop-Loss tagsüber nicht verwalten können, sollten Sie lieber auf Nummer sicher gehen.

Der Nachteil dieser Methode besteht natürlich darin, dass Ihr Gewinn auf Ihren höchsten Verkaufspreis beschränkt ist, selbst wenn der Preis weiterhin deutlich steigt. Ich bin nicht sicher, ob andere Broker dies zulassen, aber bei E Handel können Sie keine Stop-Order eingeben, die einen Trailing-Stop auslöst. Dies wäre hier nützlich, um bei Ausführung einen Gewinn zu garantieren und gleichzeitig das Potenzial für weitere Preisbewegungen nach oben zuzulassen.

Ich habe bei ihnen Lobbyarbeit betrieben, diese Art der Bestellmöglichkeit in ihr System einzubauen, bisher jedoch ohne großen Erfolg.

Im nächsten Kapitel werden einige aktuelle Warnmeldungen besprochen, damit Sie Ihr Bewusstsein schärfen und über ein optimales Stop-Loss-/Gewinn-Management nachdenken können.

Kapitel 9 – Schritt-für-Schritt-Zusammenfassung

Wir sind fast fertig, dieses Kapitel dient als Überblick über die Strategie.

Erster Schritt – Identifizierung potenzieller Vielläufer:
(Kapitel 5)

Wir suchen nach NYSE-, Nasdaq- und AMEX-Aktien mit einem Kurs zwischen 1 und 10 US-Dollar, deren Volumen mindestens 30-mal höher ist als der Tagesdurchschnitt, deren Handelsvolumen mindestens 30.000 beträgt und deren Kurs mindestens 4 % über dem Schlusskurs des Vortages liegt. Wir führen auch einen sekundären, redundanten Scan durch, um nach Aktien zu suchen, die im Tagesverlauf um mindestens 6 % gestiegen sind und denselben Kursbereich und dasselbe Mindestvolumen aufweisen.

Wenn eine Meldung über die Aktien erfolgt, überprüfen wir zunächst, ob sie für den Handel liquide genug sind.

Schritt zwei – Qualifizierung des Setups:
(Kapitel 6)

Red Flag-Rezension:

1) Gibt es basierend auf dem Wochen- und/oder Tageschart ein oder mehrere signifikante Preiswiderstandsniveaus darüber?

2) Gab es in der jüngeren Vergangenheit abrupte Preiseinbrüche, die bedeuten könnten, dass ehemalige Käufer, die diese Einbrüche durchgestanden haben, versuchen werden, zu verkaufen, um eine Chance auf ein ausgeglichenes Ergebnis zu haben?

3) Ist die Lücke zum Vortag so groß, dass die derzeitigen Inhaber ihre Aktien schnell verkaufen werden, um Gewinne mitzunehmen?

4) Wo liegen die mittel- bis langfristigen Linien des einfachen gleitenden Durchschnitts? Wenn sie über dem aktuellen Preis liegen, können sie als Bereiche mit starkem Verkauf dienen.

Grüne Flagge im Test:

1) Gibt es basierend auf dem Wochen- und/oder Tageschart ein signifikantes Kaufunterstützungsniveau unmittelbar unterhalb des aktuellen Preisniveaus?

2) Liegt die Preisentwicklung der letzten 3 bis 12 Monate in einem engen Bereich mit geringem Volumen?

3) Befindet sich der aktuelle Preis auf einem neuen langfristigen Höchststand oder steht er kurz davor?

4) Liegt der aktuelle Preis über den einfachen gleitenden Durchschnitten auf lange bis mittlere Sicht?

Schritt drei – Eingabe der Bestellung:
(Kapitel 7)

Nachdem wir ein mögliches Setup qualifiziert haben, ermitteln wir unsere Handelsgröße entweder im Kopf oder mithilfe des Excel-Tools „Handelsgröße". Anschließend bereiten wir eine „One-Triggers-All"-Einstiegsorder vor.

Bei der von uns eingegebenen Kauforder handelt es sich um eine „Stop-Limit"-Order, bei der der Stop-Preis 0,01 $ über dem Höchstpreis der ersten 15 Minuten und der Limit-Kaufpreis einige Cent über dem Stop-Preis festgelegt ist.

Der Teil der Verkaufsorder (unsere Stop-Loss-/Loss-Limit-Order) des One-Triggers-All-Eintrags wird als „Stop on Quote"-Order festgelegt. Der Stop-Preis wird nach Ihrem Ermessen irgendwo knapp unter einer runden Zahl und/oder dem Pullback-Tief des Eröffnungsbereichs festgelegt. Wenn dieser erreicht wird, wird die Order zu einer Marktverkaufsorder, um den Handel mit einem geringen Verlust zu beenden.

Schritt vier – Verwaltung der Bestellung und Gewinnmitnahme:
(Kapitel 8)

Sie haben bei Ihrer Rot/Grün-Prüfung des Setups potenzielle Widerstandsniveaus identifiziert. Wenn Ihre Einstiegsorder ausgeführt wurde, besteht Ihre unmittelbare Sorge darin, festzustellen, ob der Preis schnell auf dieses Niveau des wahrscheinlichen Widerstands steigt. Wenn dies der Fall ist, nehmen Sie auf diesem Niveau Gewinne mit oder verschieben Sie Ihren Stop knapp unter dieses Niveau, um Ihre Gewinne zu schützen und das Verlustrisiko zu beseitigen.

Überwachen Sie den Handel mithilfe eines 5-Minuten-Charts. Wenn neue Höchststände erreicht werden und Rückschläge auftreten, verschieben Sie Ihre Stop-Loss-Order schrittweise unter diese neuen Höchststände und Rückschläge, um Risiken zu vermeiden und Gewinne zu sichern. Achten Sie stets auf die von Ihnen identifizierten Widerstandsniveaus und handeln Sie entsprechend.

Analysieren Sie die Kombination aus Volumen und Preisbewegung und vertrauen Sie darauf, was Ihnen Volumen und Kerzen über die wahrscheinliche Preisbewegung verraten.

Schritt fünf – Analyse nach dem Handel:
Führen Sie ein Handelsjournal über jeden Trade, den Sie eingehen, und führen Sie „Nachspielanalysen" durch, als würden Sie sich Spielaufzeichnungen ansehen. Die konsequente Analyse Ihrer Handelsleistung ist der beste Weg, sich zu verbessern.

Sie sollten einen Screenshot des Wochen- und Tagesdiagramms für Ihren Handel sowie einen Screenshot des 5-Minuten-Diagramms eines ganzen Tages für Ihren Handel machen. Notieren

Sie Ihren Einstiegspreis, Ihr ursprüngliches Stoppniveau, alle nachfolgenden Bewegungen des Stopps und Ihren Ausstiegspreis.

Schauen Sie sich die Tages- und Wochendiagramme an. Wie hat sich Ihre Rot/Grün-Flag-Überprüfung bewährt? Haben Sie etwas übersehen? Was haben Sie richtig gemacht?

Sehen Sie sich die Tagesaktivität genauer an und notieren Sie sich alle wichtigen Momente der Volumen-/Preisbewegung. Vergleichen Sie die Aktivität mit Ihrer ursprünglichen Rot-/Grün-Bewertung. Was haben Sie gut gemacht? Wo besteht Verbesserungsbedarf? Wo lagen Sie mit Ihrer Volumen-/Preisbewegungsanalyse richtig? Wo lagen Sie falsch? Haben Sie einen großen Bereich der Bewegung erfasst? Warum oder warum nicht?

Manchmal werden wir durch die Kursbewegung einer Aktie aus dem Handel geworfen und verpassen eine große Bewegung. Manchmal passiert das und ist unvermeidlich, manchmal passiert es, weil wir die Kursbewegung falsch eingeschätzt haben oder wir keine geeigneten Widerstandsniveaus gefunden haben usw.

Führen Sie ein detailliertes Handelsjournal und konzentrieren Sie sich auf kontinuierliche Verbesserung. Analysieren und verbessern, wiederholen.

Der 1-Stunden-Handel

© 2024 Michael Ziegler

Alle Rechte vorbehalten.

Kein Teil dieses Buches darf ohne vorherige schriftliche Genehmigung des Autors in irgendeiner Form oder mit irgendwelchen Mitteln, elektronisch, mechanisch, durch Fotokopieren, Aufzeichnen oder auf andere Weise reproduziert oder übertragen werden.

www.ingramcontent.com/pod-product-compliance
Lightning Source LLC
Chambersburg PA
CBHW062126220526
45471CB00010B/3897